LA

# PÉNINSULE EUROPÉENNE

L'OCÉAN ET LA MÉDITERRANÉE

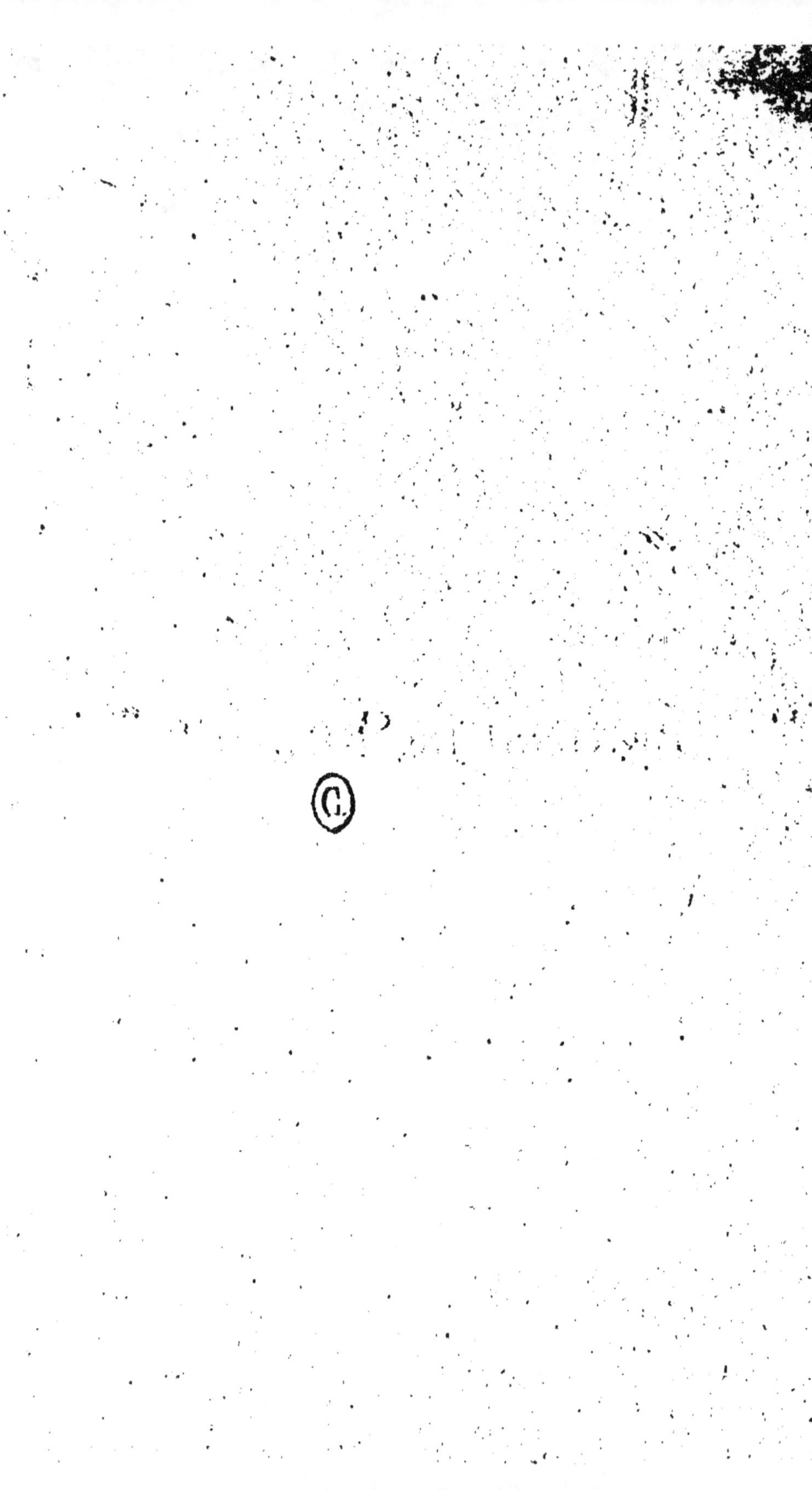

# LA
# PÉNINSULE EUROPÉENNE

## L'OCÉAN ET LA MÉDITERRANÉE

LEÇON D'OUVERTURE DU COURS D'HISTOIRE ET GÉOGRAPHIE

A LA FACULTÉ DES LETTRES DE NANCY

PAR

## PAUL VIDAL-LABLACHE



BERGER-LEVRAULT ET C⁰, LIBRAIRES-ÉDITEURS

PARIS | NANCY
5, RUE DES BEAUX-ARTS. | RUE JEAN-LAMOUR, 11.

1873

# PÉNINSULE EUROPÉENNE

## L'OCÉAN ET LA MÉDITERRANÉE

MESSIEURS,

L'enseignement nouveau, dont M. le Ministre de l'instruction publique vient de doter la Faculté des lettres de Nancy, doit, conformément à son double titre, être consacré à la géographie dans ses rapports avec l'histoire. Déjà, il y a quelques années, l'auditoire devant lequel j'ai pour la première fois l'honneur de porter la parole, a manifesté son goût pour les études géographiques. J'évoque d'autant plus volontiers ce souvenir, qu'il me prouve combien, dans les recherches que nous allons entreprendre ici, je puis compter sur votre sérieux intérêt.

Je me propose, dans ces leçons du jeudi, d'étudier la géographie de l'Europe et de ses principaux États. La race, l'histoire et les intérêts établissent, entre les différents peuples qui composent la société européenne, un grand nombre de rapports, que nous étudierons, et la méthode de comparaison s'offrira naturellement, pour mieux fixer les idées et parler plus vivement à l'esprit. Strabon écrit, au début de son grand traité géographique : « Il faut commencer par l'Europe, parce que cette partie du monde est celle dont la forme est la plus variée, et parce qu'elle est la plus favorable à la civilisation et à la dignité morale des citoyens. » Il nous sera permis d'ajouter que l'Europe est le théâtre sur lequel se jouent nos destinées, le principal marché qui s'ouvre à nos produits, l'objet par conséquent qu'il nous importe le plus de connaître. Sans insister plus qu'il ne convient sur des lacunes qui ont frappé tous les yeux, il est trop vrai qu'avec son commerce qui la place au second rang dans le monde, après les services que ses savants, ses voyageurs, ses grandes publications, ont rendus à la géographie, la France ne saurait persister dans une négligence aussi fatale à ses intérêts qu'injurieuse à ses traditions.

I

L'Europe est aujourd'hui le foyer de la seule forme de civilisation qui ait le don de se propager en d'autres parties de l'univers. Il est possible que sa prépondérance soit un jour menacée ; pour le moment la nation, très-fière et parfois très-dédaigneuse, qui a grandi si vite sur l'autre bord de l'Atlantique, lui emprunte bien plus qu'elle ne lui donne. La civilisation, sans avoir toutefois paru en Europe aussitôt qu'en certaines vallées de l'Asie ou de l'Afrique, s'y est, pour ainsi dire, acclimatée de préférence; et, à travers des vicissitudes qui partout ailleurs lui étaient fatales, elle ne s'est arrêtée parfois que pour reprendre ensuite et accélérer sa marche. N'y a-t-il d'autre cause de ce privilége qu'une raison matérielle tirée du sol et des circonstances physiques? Nous sommes loin de le penser : qui ne serait frappé cependant de la part qui revient aux influences géographiques ?

L'Europe, à la définir, est une péninsule, la plus vaste, si l'on veut, de celles du continent asiatique. Si vous la comparez à l'Afrique, vous serez surtout frappés des sinuosités et des découpures qu'offre son littoral, et qui lui donnent, avec une étendue trois fois moindre, une longueur de côtes cinq fois plus considérable. Si vous songez à l'Amérique du Nord ou du Sud, c'est dans le relief montagneux que se manifeste surtout la diversité. Ici, un sol sillonné de vallées dont chacune doit à son orientation différente une physionomie particulière; là, d'immenses bassins fluviaux, sans séparation sensible, sortes de cadres que la nature semble avoir tracés pour des états plus vastes et pour des combinaisons qui peuvent convenir à une société en pleine force, mais certainement incompatibles avec la fragilité d'une civilisation qui débute. Il y eut autrefois, dit-on, le long du Mississipi, des tentatives d'établissement sédentaire et agricole (1); et les archéologues croient retrouver les traces de villages ou villes fondées, avant l'arrivée des Européens, par des populations pacifiques, que balayèrent de bonne heure, dans ces plaines sans défense, les chasseurs nomades accourus du Nord.

Entre l'Europe et l'Asie, la configuration et la charpente intérieure offrent des analogies, la différence est dans la mesure. Un spirituel voyageur, qui est mort victime, sous le climat de l'Inde, de son zèle pour la science, mais qui nous a laissé sur les hommes et les choses de ce pays les récits les plus attachants, Victor Jacquemont éprouva devant l'Himalaya tout autre chose qu'un sentiment d'admiration. « Oh ! s'écrie-t-il, que les Alpes sont belles ! » n'hésitant pas, devant ces colosses, à donner la préférence à l'heureuse proportion, à l'harmonie des parties, à la mesure, à l'Europe, en un mot, sur l'Asie. L'Himalaya est un rempart qui sépare deux mondes. Derrière lui commence ce gigantesque plateau qui couvre le centre de l'Asie, où les fleuves se perdent dans des lacs sans issue, où s'étendent d'immenses espaces incultes, digne séjour de ces populations nomades, dont chaque ébranlement a été une catastrophe historique. Ainsi la Chine a vécu isolée, et un principe de mort s'est glissé dans sa civilisation. Le raffinement du lettré et la grossièreté du nomade se touchent sur ce con-

(1) Voir JOHN LUBBOCK, l'*Homme avant l'histoire*, ch. VII. *(Archéologie de l'Amérique du Nord.)*

tinent fertile en contrastes. La flore asiatique offre souvent un éclat de parfums et de couleurs dont rien n'approche en Europe; mais que de fois la stérilité succède brusquement à l'exubérance ! Au milieu des eaux courantes et de ces jardins, tant célébrés par la poésie arabe, qui entourent Damas d'une sombre couronne de verdure, l'œil s'arrête à l'horizon sur la nudité du désert syrien. Où est donc cette correspondance facile qui unit les unes aux autres les régions naturelles dessinées sur notre continent par des montagnes élevées sans être impénétrables? Où est cette heureuse distribution des richesses d'un sol qui partout sollicite, mais nulle part ne décourage le travail humain ? Les anciens ne s'y trompaient pas, si incomplètes que fussent leurs comparaisons, quand ils se plaisaient à attribuer à la nature de l'Europe une sorte de vertu morale, et expliquaient par là la supériorité guerrière et politique de ses habitants. Hippocrate établit sur ce rapprochement la célèbre théorie de l'influence des climats, dont il a été le premier auteur. Et déjà Hérodote avait dit à la fin de son histoire : « La même terre ne produit pas les fruits qu'on admire et les hommes belliqueux. »

En réalité, Messieurs, la principale originalité de l'Europe consiste dans la distribution des mers qui la baignent. L'Océan se multiplie, pour ainsi dire, autour d'elle et l'enveloppe presque tout entière, au nord comme au sud, par un double système de mers secondaires ou intérieures. Par là notre continent est accessible, jusqu'à une plus grande profondeur qu'aucun autre, aux influences maritimes. Par là aussi les parties les plus éloignées ont été de bonne heure et facilement en contact. Ces mers sont encore aujourd'hui le lien qui semble unir le faisceau européen. C'est le long de leurs rivages que se sont rangées les nations modernes, et chacune d'elles s'est montrée jalouse de s'y assurer une place. La France compte à bon droit comme un de ses principaux avantages sa situation sur deux mers. Et le peuple qui est entré le dernier dans la société européenne ne s'y est vraiment rattaché que le jour où il a été établi sur la Baltique et sur la mer Noire.

C'est donc à l'Océan qu'appartient sur l'Europe l'action prépondérante; mais, pour l'apprécier dans toute son étendue, il fallait que l'homme fût parvenu à connaître un peu mieux ce monde des mers, resté si longtemps mystérieux pour lui. Hier seulement, il faut le dire, l'observation humaine a pu pénétrer dans ces profondeurs, que traverse enfin l'étincelle électrique. A l'aide d'ingénieux appareils, par de patientes explorations que multiplie chaque jour le zèle des Américains et des Anglais, l'homme considère avec surprise de nouvelles formes de la vie animale ou végétale, jusqu'au sein de ces montagnes ou de ces vallées que recouvre l'uniformité de la surface liquide (1). A la surface même, ces mouvements variés, qui ont leur contre-coup dans les régions inférieures, ces courants, qui entretiennent une circulation incessante, n'ont été que de nos jours étudiés avec un véritable esprit scientifique; et déjà la connaissance plus précise de leurs caractères et de leurs effets, ouvrant de nouvelles vues sur l'économie générale du globe, éclaire d'une vive lueur la géographie même de l'Europe.

On sait que l'équateur attire à lui les eaux des mers polaires, et qu'ainsi des courants froids circulent à travers l'Océan. Mais, d'autre part, les eaux de l'équateur sont rejetées d'Orient en Occident par l'effet de la rotation terrestre. Et quand elles ont été fortement échauffées par un séjour prolongé sous les feux du soleil tropical, survient un remarquable phénomène. Dans l'Océan atlantique, comme dans le Pacifique, on voit ces eaux, glissant le long des côtes qu'elles rencontrent, dévier dans la direction des pôles. C'est surtout vers le Nord qu'elles s'écoulent; et l'on a pu constater ainsi, dans les deux océans, l'existence d'un courant semblable. Celui du Paci-

---

(1) Voir sur la géographie sous-marine et la vie organique dans la profondeur des mers, les récents travaux du Dr CARPENTER (explorations du *Porcupine* en 1869 et 1870); du capitaine OSBORN, etc. (en anglais); de POURTALÈS, MIDDENDORF, etc. (en allemand). — Cf. VIVIEN DE SAINT-MARTIN, *Année géographique* (1872), p. 433 sq. — BEHM, *Geographisches Iahrbuch*, IV Band, 1872, p. 59 sq.

fique a reçu des Japonais, dont il longe les côtes, le nom de *Fleuve noir*. Celui de l'Atlantique s'appelle le *Courant du golfe*, ou *Gulf-Stream*.

Du golfe des Antilles, par le détroit resserré qui sépare l'île de Cuba de la pointe de la Floride, s'élance, en s'élargissant peu à peu, un torrent d'eaux chaudes. Distinct par sa rapidité, par sa couleur azurée, c'est un véritable fleuve qui court à travers la mer. Il se dirige vers le Nord ; mais, à la hauteur du banc de Terre-Neuve, il rencontre un courant opposé parti des mers glaciales. Là se heurtent ces deux forces rivales, les eaux bleues et chaudes de l'équateur, les eaux verdâtres et froides du pôle, amassant autour d'elles, au point de leur conflit, d'épaisses brumes et d'éternels brouillards. Victimes du froid subit qui pénètre les couches inférieures, des milliers d'êtres microscopiques, que le Gulf-Stream a vivifiés de sa chaleur, périssent, et amoncelant leurs dépouilles calcaires, jonchent les profondeurs de l'Océan. En même temps, soit par l'effet du courant adverse, soit par une autre cause, les flots du Gulf-Stream subissent une déviation qui les détourne vers l'Est, c'est-à-dire vers l'Europe. Le courant s'élargit, se ralentit, se divise enfin à la hauteur des Açores. Une partie retourne lentement à l'équateur ; mais un bras se détache du grand fleuve maritime. Sans doute il se combine avec de nouvelles masses d'eau venues des tropiques, attirées vers le pôle par une loi générale dont ces phénomènes ne seraient que les divers accidents. Quoi qu'il en soit, on regarde en général comme une dérivation du Gulf-Stream ce courant chaud qui effleure nos côtes occidentales, depuis la Bretagne jusqu'à l'Écosse et la Norvége, et qui prolonge jusqu'au Spitzberg son influence défaillante, mais parfois encore sensible.

On a attribué à l'influence du Gulf-Stream le degré avancé de la civilisation en Europe. Supposez, en effet, Messieurs, qu'un changement de direction le détourne des côtes européennes; supposez, par exemple, comme un géologue anglais nous y invite, que la vallée du Mississipi redevienne ce qu'elle a été jadis, un grand bras de mer communiquant au Nord avec la région des lacs. Par là s'écoulerait le Gulf-Stream qui, d'après la loi ordinaire, serait très-probablement remplacé sur nos côtes par un courant d'eau froide. Aussitôt la péninsule scandinave disparaîtra sous les glaces, comme le Grœnland. L'Angleterre et l'Allemagne, désormais soumises au même climat que le Labrador, en auront la végétation : des mousses et des lichens. Le centre de la France, placé sous la même latitude que le Bas-Canada, aura les rigoureux hivers des bords du Saint-Laurent. Ainsi disparaîtraient de la carte agricole de l'Europe, c'est-à-dire de la civilisation, les contrées mêmes où son activité est la plus grande. Au contraire, tandis que les blocs de glace détachés des mers polaires au moment de la débâcle, dépassent , sur les côtes de l'Amérique du Nord ou l'Afrique australe, le 40e degré de latitude, et devraient par analogie se montrer en Europe jusque vers les parages de Lisbonne, ils n'atteignent jamais le cap Nord situé, par 71 degrés, à l'extrémité de la Norvége. Ainsi, par un remarquable privilége, aucune partie des côtes européennes de l'Océan n'est entièrement rebelle à l'activité de l'homme.

Ce rideau de vapeurs tièdes dont l'Atlantique voile nos côtes, est poussé vers l'intérieur des terres par un courant atmosphérique qui, dû aux mêmes causes physiques que le Gulf-Stream, suit à peu près la même route. Après avoir aidé dans leur marche les navires qui nous viennent d'Amérique, les vents du S. O., qui dominent dans les régions occidentales de l'Europe, y maintiennent, grâce à l'humidité dont ils sont chargés, une température douce et uniforme. Par eux s'établit l'échange qui transmet du nouveau monde à l'ancien les vapeurs exhalées par les forêts de l'Amérique du sud, les brumes éparses et flottantes sur l'étendue de l'Océan. Double et salutaire fonction des vents, qui, d'un bord à l'autre, relient les continents opposés par la dépendance des climats et par la diminution des distances ! Ainsi les moussons alternatives de l'Océan indien tracent aux navires une voie facile d'aller et de retour ; ainsi les vents alizés poussèrent un jour vers un continent inconnu les voiles de Christophe Colomb.

Exhalées par les mers, emportées par les vents, ces brumes se résolvent en pluie en touchant nos côtes, ou se fixent aux flancs des montagnes. De toutes parts elles accourent et affluent vers les Alpes, vers ces inépuisables réservoirs qui distribuent dans toutes les directions à l'Europe l'eau et la fécondité (1). Élevez-vous, par quelques heures de marche, des bois de châtaigniers qui garnissent les premières pentes jusqu'à ces régions où n'apparaît plus que la végétation du monde polaire : près de vous s'étendent alors les champs de neige où la vapeur d'eau, saisie par le froid, s'est endormie, en attendant que le souffle du vent africain, du *Fœhn*, vienne tout à coup la réveiller. Ou bien elle s'est fixée dans un de ces glaciers qui, le long des pentes façonnées par eux, descendent lentement jusqu'au point où, vaincus par la chaleur du soleil, ils laissent échapper des ruisseaux, qui sont d'abord des torrents, pour devenir ensuite des fleuves. Car, avant de nourrir nos vallées de leur limon, avant d'ouvrir des voies paisibles au commerce, ces eaux commencent par dévaster les flancs abrupts qui les resserrent ; leur cours tumultueux s'embarrasse et se trouble des débris arrachés à la montagne. Mais bientôt elles se calment dans ces lacs qui forment autour des Alpes une si merveilleuse et si utile cein-

(1) La quantité d'eau qui tombe chaque année, mesurée au pluviomètre, atteint deux mètres dans les grandes Alpes. — Voir BERG-HAUS, *Physikalischer Atlas, météreologie*, carte n° 10.

ture; et, conservant la couleur verte, qui est comme leur marque d'origine, elles en sortent plus pures, plus riches en sucs fertiles. Ainsi retourne à la mer, transformée et féconde, la goutte d'eau que la mer a envoyée à la montagne.

Cependant les influences océaniques s'affaiblissent à mesure qu'on s'éloigne de l'occident. Aux plaines basses du nord de l'Allemagne commence un changement qui se marque de plus en plus jusqu'aux immenses plaines de la Russie. L'horizon s'allonge sur des surfaces sans accidents et sans relief; et la monotonie de l'aspect répond à l'uniformité du sol. Le climat ne se modifie pas moins. Déjà entre le Wéser et l'Elbe, pourtant si voisins, la différence des hivers est telle que le plus occidental de ces fleuves est en moyenne couvert de glace pendant 30 jours par an, le second pendant 62 (1). C'est que la Baltique, avec la faible salure de ses eaux facilement gelées, est un lac plutôt qu'une mer. Aucune influence ne combat, aucun obstacle n'arrête le souffle des vents continentaux du nord-est; et l'Europe orientale subit ces mêmes écarts de température, qui rendent tour à tour brûlant ou glacé le climat de New-York ou de Pékin, placés pourtant sous la même latitude que Naples. Ainsi, à la limite où l'Europe perd son caractère de péninsule, s'étendent des régions indécises, que leur

(1) Daniel, *Handbuch der Geographie*, tome III, ch. i, § 3, p. 29.

climat et une partie de leur histoire rattacheraient à
l'Asie, si elles n'étaient devenues européennes par
un patient effort de génie politique. C'est au midi et
non à l'orient, que l'Europe se retrouve avec ses
traits distinctifs.

## II

Il n'y a jamais eu, Messieurs, une révolution com-
parable par ses résultats à celle qui, séparant violem-
ment les deux colonnes d'Hercule, a lancé la Méditerranée au fond du bassin que bordent les montagnes
d'Europe et d'Afrique. Après avoir rempli d'abord
le large espace qui sépare les péninsules hispanique
et italienne, les eaux franchirent le plateau, sub-
mergé à une très-faible profondeur, qui, par-dessous
leur surface, unit la Sicile à la pointe de Tunis.
Elles poussèrent alors fort avant dans l'intérieur des
terres ces longs et précieux golfes que nous appelons
l'Adriatique, l'Archipel, la mer de Marmara, la mer
Noire ; et sans doute leurs irruptions trouvèrent le
puissant secours de l'activité volcanique, que les
siècles ont amortie sans l'éteindre.

Dans cette distribution nouvelle des rivages, l'Europe, spécialement favorisée, eut la plus grande part
des péninsules et des îles, les ports les plus nombreux
et les plus sûrs. La côte africaine est presque entièrement dépourvue de rades ; elle n'offre, à l'excep-
tion du Nil, que de maigres cours d'eau resserrés par

la proximité des montagnes. En Europe, au contraire, s'ouvrent vers la mer de nombreuses vallées fluviales.

Ainsi se forma, entre trois continents, une mer distincte par la couleur de ses flots, par le caractère de ses mouvements, par l'aspect de ses bords, de cet Océan qui se déverse en elle et la nourrit encore de ses eaux. A peu près insensible à l'action des marées, elle n'offre pas, comme les mers plus ouvertes qui bordent les Pays-Bas, ces redoutables mouvements qui, lorsqu'ils se combinent avec la tempête, menacent de destruction les rivages. On sait par quels travaux, par quelle vigilance sans relâche, l'homme dispute pied à pied à l'Océan ces bords mal défendus par la nature. Sa persévérance a triomphé : elle a conquis, elle étend sans cesse son domaine, mais non sans essuyer parfois les sauvages retours de son éternel ennemi. Quatre-vingt mille hommes périrent, lorsqu'en 1280 l'Océan changea tout à coup en golfe le lac qui occupait autrefois la place du Zuyderzée. Soixante-douze villages engloutis en une nuit d'orage, le 19 novembre 1421, près des bouches de la Meuse, furent la proie d'une autre de ces surprises. Il est vrai que, favorables à d'autres égards, les marées ont créé elles-mêmes et déblaient incessamment, à l'embouchure des rivières océaniques, ces vastes estuaires, ces ports naturels, où la navigation maritime succède sans interruption à la navigation fluviale. C'est grâce à elles que le port le plus important du monde peut être situé à 73 kilomètres de la mer; car en Angleterre, a-t-on dit, ce ne sont pas les fleuves qui courent à l'Océan, c'est l'Océan qui s'avance vers les fleuves.

La Méditerranée ne présente ni ces avantages, ni ces périls. Les embouchures fluviales y sont obstruées par les bancs de sable, sans cesse rongés par la mer, mais sans cesse renouvelés, qui ne permettent nulle part l'établissement d'un port sur le fleuve même. C'est la terre qui empiète sur la mer par des plaines basses d'alluvions, ou par des lagunes, qu'un progrès continu prolonge dans la direction imprimée par les courants maritimes. Dangereux présents que les fleuves font payer par la fièvre et la *malaria*, quand l'homme abandonne à elle-même l'œuvre de la nature! Ravenne, aujourd'hui à 6 kilomètres dans les terres, Venise, dont les canaux se comblent, Aigues-Mortes, Narbonne, sont les victimes plus ou moins illustres, mais également tristes, de ce recul incessant des eaux. Le Rhône, « qui sera toujours incorrigible », s'écrie Vauban après une exploration six fois répétée, couvre de ses débris tout le fond de la Méditerranée occidentale (1); la côte languedocienne lui doit ses sables et ses marais; et nos ports de Provence ne

(1) Exploration du *Porcupine* dans l'été de 1870. — Voir *Geographisches Jahrbuch*, t. IV, p. 68.

sont sauvés que par le puissant courant qui pousse vers l'ouest les eaux du golfe de Lion.

L'aspect change si les montagnes, plus voisines des côtes, présentent à la mer ces terrasses abritées que dominent les Alpes ou le Liban, l'Atlas ou la Sierra-Nevada. La vigne, l'olivier, le figuier composent encore, malgré les ravages du déboisement, la parure caractéristique des rivages méditerranéens. Dans cette ressemblance de la végétation et des bords opposés, se manifeste l'unité du théâtre où s'est développée la vie historique des peuples anciens. De tout temps le bassin de la Méditerranée a gardé une physionomie spéciale. On y voyait encore, au siècle dernier, ces lourdes galères à voiles et à rames que notre marine militaire y avait conservées ; et l'on trouverait aujourd'hui, dans ces médiocres navires que multiplie l'industrie économique des Grecs, plus d'un souvenir des formes de construction antique. Marseille, Odessa, Alexandrie présentent, malgré la distance qui les sépare, le même spectacle : partout la vie et les affaires en plein air comme aux temps de l'*agora*, l'activité bruyante et le fourmillement d'une foule cosmopolite où se coudoient l'Orient et l'Occident ; à vos oreilles résonnent les langues les plus diverses, et du milieu de cette Babel s'est dégagée une sorte de création bizarre, ce jargon arbitraire et composite qu'on a décoré du nom de langue franque. Dans l'antiquité, quoique l'Océan eût été plu-

sieurs fois visité par les vaisseaux phéniciens, et
même après eux, grecs ou romains, l'imagination de
l'homme de la Méditerranée se troublait aisément
devant les phénomènes et les dangers des navigations
septentrionales. Lorsque, près des bouches de l'Ems,
une de ces tempêtes d'équinoxe, si périlleuses dans
les bas-fond de la mer du Nord, assaillit et dispersa
la flotte de Germanicus, quelques naufragés, jetés
sur les côtes de Germanie ou de Bretagne, furent re-
cueillis et rendus par les habitants. « Ils racontaient,
dit Tacite, des choses étranges : bourrasques furieuses,
oiseaux inconnus, poissons prodigieux, monstres d'une
forme indécise entre l'homme et la bête. Phénomènes
réels ou fantômes de la peur. »

Pendant longtemps le bassin de la Méditerranée a
offert à ceux qui, pleins des souvenirs du passé, con-
sidéraient son état présent, un pénible contraste.
L'illustre voyageur qui, au commencement de ce
siècle, parcourut ces contrées, dut consacrer à une
visite, même incomplète et rapide, une année de sa
vie et une partie de sa fortune. L'image de la décadence et des ruines apparaît à chaque page de son
itinéraire.

Ce n'était pourtant pas le hasard qui avait voulu
que, pendant une longue période, l'histoire de la
Méditerranée se confondît avec celle de la civilisation même. Là seulement l'Europe s'était trouvée en
contact avec l'Asie et l'Afrique ; et lorsque, dans l'an-

tiqüité et au moyen âge, les races indo-européennes et les races sémitiques se sont disputé la conduite du monde, la Méditerranée a été le théâtre nécessaire de ces luttes décisives qu'on appelle les guerres puniques ou les croisades. Les destinées du peuple grec furent étroitement liées à ses rivages. On vit peu à peu, d'île en île, d'une côte à l'autre, se propager le génie de cette race expansive. Étendant son propre horizon, à mesure qu'il répandait davantage sa lumière, il en vint à animer la Méditerranée presque tout entière par ces colonies, qui n'étaient pas seulement des comptoirs comme en fondaient Tyr ou Carthage, mais des cités, sur l'emplacement desquelles grandissent aujourd'hui nos principaux ports. Les villes grecques du Pont-Euxin ouvrirent une échappée vers ce continent septentrional, que l'antiquité ne connut guère que par elles. Que dire de l'expédition d'Alexandre, qui, par l'affluence d'observations et de vues nouvelles dont elle fut la source, a mérité d'être comparée, par Humboldt, à l'époque de nos grandes découvertes du quinzième siècle? Lorsqu'ensuite, parmi les peuples méditerranéens, la communauté de civilisation eut frayé les voies à la conquête romaine, c'est au centre géographique du bassin que s'offrit le point d'appui de la nouvelle organisation politique. Et c'est enfin le long des rivages méridionaux de cette mer que les Arabes étendirent, au galop de leurs chevaux, leur empire éphémère jusqu'au delà des colonnes d'Hercule, dont le nom atteste désormais leur passage.

Puis, comme les destinées commerciales suivent leur cours à travers les vicissitudes des combinaisons politiques, Alexandrie, Antioche, Beyrout deviennent pour Venise les principaux marchés où elle établit ses comptoirs, où elle reçoit les produits de l'Inde, où le commerce de l'Europe rencontre celui de l'Asie. Lorsque, derrière le monde musulman, l'Asie centrale, réunie sous la domination des Mongols, entre à son tour en relations avec l'Occident, Gênes et Venise viennent dans le Pont-Euxin occuper la place où les avait autrefois précédées Milet. Les deux rivales s'y combattent avec acharnement; le commerce et la guerre marchent de front; les marchands sont des hommes d'armes, et leurs comptoirs sont abrités par des châteaux-forts. Néanmoins, sur la côte de Crimée, Gênes fonde une ville dont la population surpasse en peu d'années celle de Constantinople : Caffa, où, d'après un voyageur, se trouvaient trois évêques de communions différentes, des synagogues de deux sectes rivales, des temples païens de toute espèce, à l'usage d'une population où toutes les religions et toutes les races étaient réunies. Quel motif retenait cette foule sur une plage où, depuis longtemps, l'antique Theodosia n'offrait plus que des ruines, et qui aujourd'hui, redevenue presque solitaire, ne doit qu'au voisinage de l'obscure capitale de la province un peu d'animation pendant quelques mois d'été ? C'est qu'à cet endroit la république de Gênes avait réussi à fixer le point d'arrivée des caravanes, qui, de l'intérieur de l'Asie, par la route naturelle que l'Oxus et la Caspienne ouvrent vers le Volga, le Volga et le Don vers la mer Noire, venaient s'y rencontrer avec l'âpre et rusé négociant des côtes de la Ligurie. Ainsi le génie d'une ville du moyen âge avait retrouvé les débouchés qui, d'après Eratosthènes, faisaient autrefois la fortune des colonies grecques du Pont, et que de nos jours la Russie s'apprête à reconquérir par la construction d'un chemin de fer vers la Caspienne et le lac d'Aral.

On sait comment au quinzième siècle s'éteignit cette prospérité. Les Turcs lui portèrent le premier coup, et bientôt la découverte du passage par le cap de Bonne-Espérance permit aux nations occidentales d'aller chercher elles-mêmes dans l'Inde ces marchandises qui auparavant n'arrivaient à la Méditerranée qu'à travers les difficultés et les dangers des routes de terre. La longueur du détour était compensée par l'avantage naturel qu'offre au commerce la voie maritime. La mer est en effet pour les échanges une route plus sûre et au demeurant moins dispendieuse. Sans même invoquer l'exemple de l'Angleterre, les statistiques commerciales attestent encore aujourd'hui, pour des états continentaux tels que la France ou la Russie, la supériorité constante du commerce maritime sur le commerce par terre. Avec la richesse, l'influence politique s'éloigna des bords de la Méditerranée. L'Angleterre et la Hollande trouvèrent dans l'Océan la voie de leur prospérité et de leur grandeur. Le retentissement du canon de Lépante éveilla pour une fois encore l'attention inquiète de l'Europe ; mais, le danger passé, ce fut au milieu de l'indifférence générale que Venise continua à disputer obscurément aux Turcs les lambeaux de son empire déchu. Les destinées du monde se décidaient ailleurs.

Il semble, Messieurs, qu'il soit réservé à notre temps d'assister à la renaissance politique et commerciale de ces régions historiques. La décadence précoce des états musulmans a remis en question ce que la conquête avait décidé, et soulevé sur les bords de la Méditerranée un des plus graves problèmes d'équilibre européen. L'avenir de cette mer semble de plus en plus déposé entre les mains de ces deux familles de peuple, latine ou greco-slave, qui occupent ses rives européennes. L'ouverture du canal de Suez leur offre une occasion nouvelle de prospérité commerciale, dont le développement dépend surtout de leurs progrès politiques et économiques.

Il appartenait à la France de marquer le pas dans cette voie nouvelle. Le pays qui, avec Venise, couvrait autrefois de son pavillon presque tout le commerce européen dans le Levant, a aujourd'hui sur la

Méditerranée son plus grand port de commerce. En moins de trente ans, Marseille est passée, par l'importance de sa navigation, du quatrième rang au premier. Sa population, de 96 mille habitants en 1811, en compte aujourd'hui plus de 300 mille. Progrès trop soutenu pour être factice, qui n'est d'ailleurs qu'un des signes de l'activité croissante du travail national. Marseille, en effet, a développé son industrie pour nourrir son commerce; et du même pas grandissaient l'industrie et la population de Lyon, dont elle est le naturel débouché. Par la conquête de l'Algérie, la France, déjà maîtresse de la Corse, s'est assuré une position dont l'importance n'a point échappé à ses voisines, puisque le Maroc a senti déjà la main de l'Espagne, et que Tunis regarde parfois avec inquiétude du côté de l'Italie. Pour le moment, le bassin occidental de la Méditerranée est soumis à la prépondérance de la plus avancée et de la plus riche parmi les nations riveraines. La piraterie, fléau séculaire qui, presque jusqu'à nos jours, n'avait pas cessé de déshonorer ces mers, a reçu son dernier coup des mains de la France. Rien de plus juste qu'un nom français restât attaché à l'œuvre qui a définitivement rendu à la Méditerranée le passage vers les Indes.

Le même souffle d'avenir semble se faire sentir aux autres ports de la Méditerranée. L'Espagne fait aujourd'hui par Barcelone les deux tiers de son commerce maritime; et ici encore les progrès de l'industrie locale ont augmenté le nombre des échanges. Gênes, bien loin sans doute de son ancien éclat, s'est placée sans peine à la tête des ports italiens; et sur la côte qui vit autrefois la grandeur de Pise, s'élève l'active et populeuse Livourne. L'Italie n'hésite pas, malgré sa dette, à multiplier ses chemins de fer; toujours ardente à profiter des circonstances, elle se souvient à propos qu'au sud-est de la Péninsule languit depuis le moyen âge une ville que recommande un nom illustre. Placée à l'extrémité continentale de la route jusqu'à présent la plus directe vers les Indes, Brindisi espère, non sans raison, ramener dans son port, agrandi désormais et réparé, l'activité que lui apportait autrefois la voie Appienne. Venise assistera, sans doute sans y prendre part, à cette résurrection du passé. Mais en face d'elle, sur un rivage italien par la langue, une orgueilleuse parvenue étale sa prospérité. En 1719, Trieste était une bourgade de six mille habitants, quand elle fut déclarée port franc par l'empereur Charles VI; unie aujourd'hui à Vienne par un chemin de fer, elle est devenue ce que furent autrefois Adria, Aquilée, ce qu'a été Venise, le débouché commercial offert sur cette plage de l'Adriatique à l'Europe centrale et à la vallée du Danube.

La nature, plus encore que l'homme, a créé au point de rencontre de l'Europe et de l'Asie, entre deux mers, dans un site facile à défendre, avec un port vaste, sûr et profond, une ville qui, par les éternelles convoitises qu'elle excite, a toujours été pour le reste du monde un sujet d'inquiétude et parfois d'épouvante. Il serait difficile de dire à quelle époque, sur cette plage où devaient se dérouler les vicissitudes de l'histoire la plus troublée qui fût jamais, quelques pêcheurs, pour saisir au passage le thon qui descend par bandes de la mer Noire, eurent l'idée de construire leurs premières cabanes. L'humble association grandit, et sans doute éprouva bientôt la tentation d'un revenu plus facile encore par l'établissement d'un péage sur les navires. L'oracle d'Apollon n'eut pas de peine à obtenir de Mégare l'envoi d'une colonie sur cet emplacement, que bientôt lui disputa Milet, qu'Athènes vint occuper à son tour. Maîtresse du Pont-Euxin, Athènes en défendit avec opiniâtreté les approches. Chassée de Byzance, elle y rentre; vaincue, elle réussit à ressaisir cette précieuse épave de son naufrage; et quand Philippe veut frapper au cœur la domination athénienne, il l'attaque dans ce poste, qu'il ne parvient pas à forcer. Byzance peut grandir et changer de nom, sans conjurer la fatalité qui la condamne à servir d'objet aux attaques et de récompense au vainqueur. La ville assiégée ne devait plus voir une seconde fois cette lumière miraculeuse, qui, illuminant tout à coup la nuit, lui avait jadis révélé les préparatifs et les piéges de Philippe. Quand l'Europe eut laissé tomber ce dernier boulevard de la chrétienté, elle éprouva par deux siècles d'alarmes ce que valait la possession de Constantinople entre les mains d'un ennemi désormais libre de pousser hardiment ses sauvages cavaliers à travers les plaines hongroises jusqu'aux murs de Vienne. Ce péril passé a fait place à un autre, et la faiblesse des Turcs est devenue un sujet d'inquiétude presque aussi grave qu'autrefois leur puissance. Tant il est vrai qu'en ce lieu central vers lequel convergent les routes de terre et de mer, s'est formée une ville unique au monde, qui, par son importance comme par le mélange de sa population, semble appartenir à l'Europe elle-même plutôt qu'à un peuple : point vulnérable et délicat qui ne peut être atteint sans que le corps tout entier sente la blessure.

La mer Noire, dont Constantinople tient les clefs, entre d'ailleurs chaque jour pour une plus grande part dans les préoccupations commerciales et économiques de l'Europe. Autrefois c'était dans les ports du Pont-Euxin qu'Athènes allait chercher les céréales dont elle approvisionnait la Grèce ; les plaines de la Roumanie et de la Russie méridionale nous offrent aujourd'hui le tribut de leur inépuisable fécondité. Des ports florissants se sont élevés près des bouches du Danube, depuis qu'un accord européen a garanti l'indépendance du fleuve et provoqué d'intelligents travaux. Dès la fin du dix-huitième siècle, dès le moment où

là Russie se substitua aux Turcs et aux Tartares nomades depuis la Crimée jusqu'au Dniester, elle tint
à honneur de justifier son usurpation par ses œuvres.
La population transformée et fixée au sol, des colonies agricoles établies de toutes parts, des villes, pour
lesquelles on faisait revivre les noms helléniques,
substituées aux chétifs villages des Tartares, tels furent les titres qui attestèrent bientôt l'ambition, mais
aussi l'activité des nouveaux maîtres. Une grande
ville, une des métropoles commerciales de la Méditerranée, doit à cette transformation son origine; Odessa,
fondée en 1794, compte 120 mille âmes. Les chemins de fer, qu'avec un zèle éclairé par l'expérience
la Russie ne s'est pas lassée de construire depuis
quinze années, apportent aujourd'hui les grains de
l'Ukraine jusqu'aux ports où les attendent les navires
de l'Occident. L'Europe emprunte déjà une partie
de sa subsistance à des contrées naguère encore à
peu près isolées, dont les richesses rentrent enfin
dans la circulation générale.

Ainsi, Messieurs, des contrées longtemps endor-
mies se raniment; et le mouvement général qui en-
traîne notre civilisation semble désormais assez fort
pour effacer peu à peu, dans certaines parties de
l'Europe où l'activité humaine a brillé jadis d'un si
vif éclat, les traces déjà séculaires du dépérissement
et de l'abandon. J'insiste au début de ce cours sur
ces vicissitudes, parce qu'elles sont l'expression la

plus frappante d'une vérité utile à rappeler, que l'histoire est surtout l'œuvre de l'homme, et qu'en somme, quelle que soit la part considérable des influences géographiques, il conserve au milieu d'elles la prépondérance, condition de sa responsabilité. Plusieurs causes s'offraient en Europe à favoriser le développement des sociétés humaines : la principale a été de donner l'éveil à leur activité, de leur en imposer l'exercice constant, comme la loi même de l'existence; et le signe du progrès a consisté dans l'action de plus en plus sensible de l'homme sur le monde physique qui l'entoure. Il faut en effet que sa vigilance travaille sans interruption et sans relâche à approprier la nature à ses fins. S'il y manque, ou s'il abandonne son œuvre, la nature, loin de se prêter davantage à servir les intérêts humains, se fait bientôt rebelle et même hostile. L'homme alors devient rare et misérable aux lieux mêmes où florissaient autrefois de puissantes civilisations; et chaque jour, accumulant autour de lui les obstacles, diminue ses chances de recouvrer le terrain perdu. La vocation et les aptitudes d'une population sont sans doute étroitement liées au sol qu'elle habite; mais le parti qu'elle en tire dépend d'elle seule; et si les annales d'un même pays présentent de telles inégalités de fortune, si son aspect physique et le sol même révèlent des changements, si le secret des prospérités disparues semble parfois à jamais enfoui, c'est que les influences du monde physique restent subordonnées à ces forces libres, dont le jeu compose l'histoire humaine.

La population s'est accumulée sur ce coin du globe que nous habitons; elle peut s'y accroître, car son activité lui fait découvrir chaque jour de nouvelles richesses dans le sol qui lui a été départi. Le même sol a pourtant vu les mêmes races végéter obscurément pendant de longs siècles. Certes, lorsqu'au temps de César l'Europe centrale était couverte d'immenses forêts au milieu desquelles campait, de clairière en clairière, une population misérable, on eût pu défier l'observateur le plus pénétrant de lire, dans l'aspect de ces contrées, quelque chose des destinées qui les attendaient. Lorsque Tacite vient de nous décrire le ciel bas, les brumes, les landes et les marécages du Nord : il est impossible, pense-t-il, que les habitants soient venus d'autres contrées s'établir de préférence sur une terre ainsi maltraitée par la nature. Maltraités ou non, ces pays n'ont pas été moins propices aux progrès de l'homme quand il a su vouloir et agir. Il est arrivé peu à peu que la civilisation, façonnant, pour ainsi dire, l'Europe à son usage, a créé elle-même les conditions dont elle profite. Et ainsi s'est confirmé, dans toute sa profondeur et sa vérité, le mot de Thucydide : « C'est l'homme qui possède la terre, et non pas la terre qui possède l'homme. »